Rainer Fieselmann · Manfred Grohe

Lautertal und Blaubeurer Alb

Auf einer sommerlichen Weide bei Marbach tummeln sich Fohlen und Stuten.

Foals and studs romp about on summery meadows near Marbach.

En été, des poulains et juments s'ébattent dans les prés non loin de Marbach.

Rainer Fieselmann · Manfred Grohe

Lautertal und Blaubeurer Alb

Text von · Text by · Texte de
Wolfgang Alber

Silberburg-Verlag

Mit dem Alb-Guide unterwegs am Sternberg

Upon the Sternberg, on a guided tour

Randonnée autour du Sternberg avec un guide

Am Lauterursprung in Offenhausen

At the source of the Lauter in Offenhausen

La source de la Lauter à Offenhausen

Im einstigen Dominikanerinnen-kloster Maria Gnadenzell ist heute ein Teil des Marbacher Gestüts untergebracht.

Today the former Dominican nunnery Maria Gnadenzell houses a part of the Marbach Stud Farm.

L'ancienne abbaye des Dominicaines de Maria Gnadenzell abrite aujourd'hui une partie du haras de Marbach.

Eine Gedenkstätte auf Schloss Grafeneck erinnert an die mehr als 10 000 Opfer der Euthanasie, der planmäßigen Ermordung von Behinderten und Kranken durch die Nazis.

A memorial at castle Grafeneck stands in memory of more than 10 000 victims of euthanasia: the infirm and disabled who were systematically murdered by the Nazis.

Dans le château de Grafeneck, un mémorial nous rappelle les plus de 10 000 victimes de l'euthanasie planifiée par les Nazis pour assassiner handicapés et malades.

Hoch über dem Dolderbachtal thront das Schloss Grafeneck.

Castle Grafeneck reigns high over the Dolderbach Valley.

Le château de Grafeneck domine la vallée du Dolderbach.

Riesige Weiden auf der Albhochfläche bieten den Pferden des Haupt- und Landgestüts Marbach genügend Auslaufmöglichkeiten.

Up on the expansive meadows of the Alp uplands there is more than enough space for the horses of the Marbach State Stud Farm to move about.

Les vastes prairies du haut-plateau du Jura offrent aux chevaux du haras principal du Land de Marbach beaucoup d'espace pour galoper.

Hengstparade in Marbach: Mit akrobatischen Einlagen zeigen die Reiter und Pferde ihr Können.

The "Hengstparade" in Marbach: With a show of acrobatics both riders and their horses display their skills and talent.

Parade des étalons de Marbach : des présentations acrobatiques montrent les talents des cavaliers et de leurs chevaux.

Ein Araberfohlen im Galopp

A galloping Arab foal

Un poulain arabe en plein galop

Zahlreiche Auszeichnungen schmücken die Wände der Marbacher Stallungsgebäude.

A great number of awards decorate the walls of the Marbach stable buildings.

Les murs des écuries du haras de Marbach sont ornés des nombreuses distinctions obtenues.

Auch heute noch zieren hübsche Ausleger die Gasthöfe Münsingens.

Even today prettily ornamented signs decorate the various inns and restaurants in Münsingen.

Aujourd'hui encore, des porte-enseignes richement travaillés décorent les auberges de Münsingen.

Der Turm der spätgotischen Münsinger Martinskirche ragt über die Dächer der Stadt hinaus.

The steeple of the Late Gothic Martinskirche in Münsingen towers over the roofs of the town.

De style gothique flamboyant, la tour de la Martinskirche se dresse au-dessus des toits de la ville de Münsingen.

Kunsthandwerkermarkt vor dem Münsinger Rathaus

An arts and crafts fair in front of Münsingen town hall

Marché des artisans d'art devant l'hôtel de ville de Münsingen

Der Truppenübungsplatz ist Vergangenheit, doch noch immer sind die Reste des Dörfchens Gruorn von Schießbahnen und Panzerstraßen umgeben.

Although the military training grounds no longer exist, the remains of the little village of Gruorn are still surrounded by shooting ranges and military roadways.

Le terrain d'entraînement militaire appartient au passé, mais les vestiges du petit village de Gruorn sont toujours entourés d'installations de tir et de routes pour blindés.

Viele Orte auf der Alb verfügen über beachtliche Industriegebiete wie hier die Stadt Münsingen.

Many towns on the Alb have considerably large industrial areas for example, here, the town of Münsingen.

De nombreuses communes du Jura possèdent une importante zone industrielle ; ici celle de Münsingen.

Auf der Schwäbischen Albbahn von Kleinengstingen nach Schelklingen verkehrt auch der Ausflugszug »Ulmer Spatz«.

The pleasure train "Ulmer Spatz" also runs along the Swabian Alb railway line from Kleinengstingen to Schelklingen.

Sur le tracé du chemin de fer du Jura souabe, de Kleinengstingen à Schelklingen, circule aussi le train touristique (« Ulmer Spatz »).

Dampfender Acker bei Münsingen

Steaming fields near Münsingen

Champs fumant près de Münsingen

Munter schlängelt sich die Lauter bei Wasserstetten durchs Tal.

The Lauter snakes its way cheerfully through the valley near Wasserstetten.

La Lauter serpente joyeusement dans la vallée près de Wasserstetten.

In Wasserstetten fand früher jedes Jahr vor dem Scheren die große Schafwäsche statt. Ein Denkmal erinnert heute daran.

Every year before sheep-sheering began, a big sheep washing session took place in Wasserstetten. Today there stands a statue in memory of this former annual occasion.

Un mémorial nous rappelle que tous les ans, c'est à Wasserstetten qu'avait lieu le grand lavage des moutons avant la tonte.

Holzvorrat für den Winter an einem Feldweg bei Wasserstetten

Winter wood supplies piled up at the side of a path near Wasserstetten

Bois pour l'hiver le long d'un chemin rural près de Wasserstetten

Winteridyll an der Großen Lauter

Winter idyll along the Große Lauter

Atmosphère idyllique hivernale près de la Grande Lauter

Gerade im Winter zeigt sich die mäandernde Lauter von ihrer besten Seite.

Particularly in winter the meandering Lauter shows itself at its best.

En hiver, les méandres de la Lauter sont particulièrement pittoresques.

An der Lauter bei Dapfen *The Lauter near Dapfen* *La Lauter près de Dapfen*

Bei Buttenhausen:
Es gibt halt immer was zu tun.

Near Buttenhausen:
Well, there's always work to be done.

Près de Buttenhausen :
il y a toujours à faire!

Seit 1787 lebten in Buttenhausen jüdische Familien, der Friedhof zeugt noch heute davon.

Since 1787 Jewish families have lived in Buttenhausen; to the present day the cemetery here bears witness to this.

Comme leur cimetière en témoigne, en 1787 des familles juives habitaient déjà à Buttenhausen.

Im Landheim Buttenhausen lebte Gustav Mesmer, der »Ikarus vom Lautertal«, der als Erbauer von skurrilen Flugapparaten Bekanntheit erlangt hat.

In the Home for the Disabled in Buttenhausen once lived Gustav Mesmer, the so-called "Icarus of the Lauter Valley", who became well known as a builder of bizarre flying machines.

Dans la clinique psychiatrique de Buttenhausen vivait Gustav Mesmer, l'« Icare du Lautertal », célèbre constructeur de curieux appareils volants.

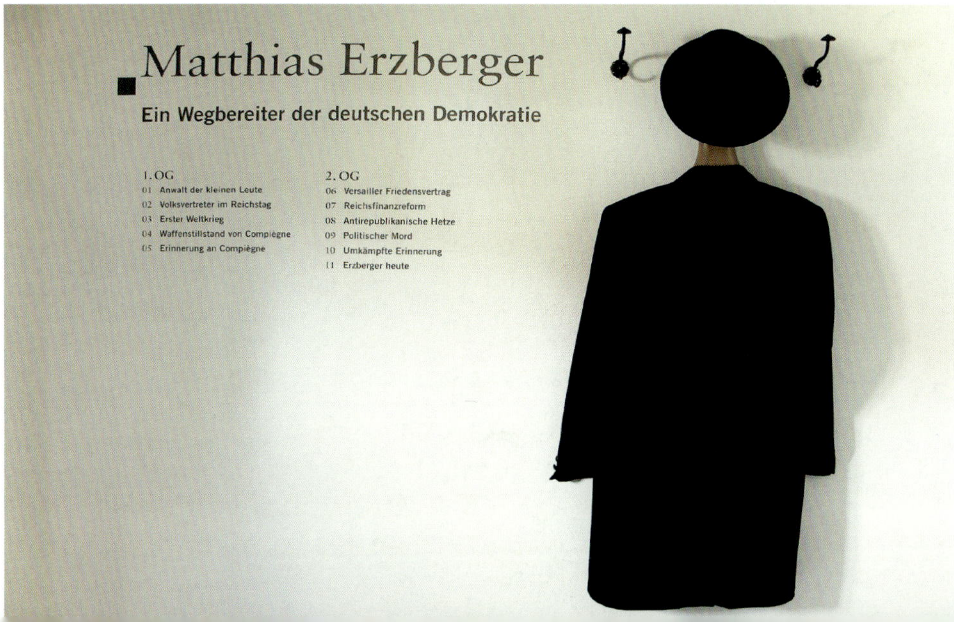

In der »Erinnerungsstätte Matthias Erzberger« in Buttenhausen wird dieses bedeutenden Politikers der Weimarer Republik gedacht.

In the "Erinnerungsstätte Matthias Erzberger" in Buttenhausen there stands a memorial commemorating this important politician of the Weimar Republic.

A Buttenhausen, ce lieu est dédié à la mémoire de Matthias Erzberger, homme politique important de la République de Weimar.

Seit 1978 besteht das Bauernhaus-museum in Ödenwaldstetten und veranschaulicht ein Stück Dorfgeschichte der Alb.

In existence since 1978, the Farmhouse Museum in Ödenwaldstetten illustrates aspects of Swabian Alb village history.

A Ödenwaldstetten, le Musée des fermes existe depuis 1978 et met en lumière un pan d'histoire des villages du Jura.

Die Getreidemühle in Buttenhausen wurde 1630 erstmals urkundlich erwähnt; heute wird hier neben anderen Produkten auch die hauseigene Marke »Albkorn« hergestellt.

Documentary evidence of the corn mill in Buttenhausen dates back to 1630; in addition to other products, today the mill's own brand of cornmeal/flour known as "Albkorn" is ground.

Le moulin à grains de Buttenhausen fut mentionné pour la première fois en 1630; une partie des produits qui y sont fabriqués est commercialisée sous la marque de la maison (Albkorn).

Auch Sonnenanbeter und Wasserratten zieht es an die Große Lauter.

The Große Lauter attracts sun worshippers and keen swimmers alike.

Les amateurs d'eau et de soleil sont attirés, eux aussi, par la Grande Lauter.

Auf einem Sporn des Machtelsberges krallt sich die Ruine Hohenhundersingen in den Fels.

On a spur of the Machtelsberg the ruins of Hohenhundersingen claw themselves firmly into the rock.

Sur un éperon du Machtelsberg, la ruine Hohenhundersingen est comme rivée à la roche.

Ein besonderer Sommerspaß: Kanu fahren auf der Lauter

A special summer fun activity: canoeing on the Lauter

Plaisir estival: en canoë sur la Lauter

Gasthof

In der katholisch geprägten Landschaft finden sich viele Wegkreuze.

There are many wayside crosses to be discovered in the landscape of the predominantly Catholic area.

Les nombreux calvaires témoignent de l'influence du catholicisme dans la région.

Bichishausen im Winterkleid

Bichishausen, clad in winter garb

Bichishausen dans son manteau d'hiver

Die Lauter schlängelt sich bei Bichishausen durch die bunten Sommerwiesen auf dem Talgrund.

Near Bichishausen the Lauter snakes its way along the valley floor through the colourful summery meadows.

Près de Bichishausen, la Lauter serpente à travers les près fleuris dans le fond de la vallée.

Von der Ruine Hohengundelfingen hat man einen herrlichen Blick ins Lautertal.

A magnificent view down over the Lauter Valley is to be had from Hohengundelfingen Ruins.

De la ruine de Hohengundelfingen, la vue sur la vallée de la Lauter est splendide.

Irgendwann wird die Lauter die flache Barriere durchnagt haben und die Gundelfinger Schleife rechts liegen lassen.

At some point the Lauter will have gnawed its way through the flat barrier, leaving behind it to the right, a narrow loop known as the "Gundelfinger Schleife".

Le jour viendra où la Lauter aura grignoté la petite barrière et ne contournera plus Gundelfingen.

Ein besonders prächtiges Wegkreuz steht bei Indelhausen.

One particularly splendid cross is situated near Indelhausen.

Un croix particulièrement somptueuse près d'Indelhausen

Das Dörfchen Ehestetten im festen Griff des Winters

The little village of Ehestetten, firmly in the icy grip of winter

Le petit village d'Ehestetten sous l'emprise de l'hiver

Zeltlager im Lautertal

A camp in the Lauter Valley

Camp de vacances dans la vallée de la Lauter

Burg Derneck, hoch über dem Lautertal, beherbergt ein Wanderheim des Schwäbischen Albvereins.

Stronghold Derneck, high above the Lauter Valley, accommodates a hikers' retreat owned by the Swabian Alb Society.

Sur les hauteurs de la vallée de la Lauter, le château de Derneck abrite le gîte de randonnées du Schwäbischer Albverein.

»Goiße« auf Futtersuche

Goats in search of food

Les biques à la recherche de nourriture

Große Schafherden auf Wacholderheiden gehören zum typischen Albbild einfach dazu.

Large flocks of sheep out grazing on juniper heaths are a typical sight on the Alb.

Les grands troupeaux de moutons des landes de genévriers font partie du folklore populaire jurassien.

Ziegenkäse, ein wohlschmeckendes Produkt von der Alb

Goat's cheese, a tasty product from the Alb

Le fromage de chèvre, savoureuse spécialité du Jura

In Münzdorf verrichtet heute noch ein Köhler sein Handwerk.

To this date in Münzdorf a charcoal burner carries out his trade.

A Münzdorf, on trouve encore un charbonnier en exercice.

Schneewanderung beim Hofgut Maisenburg, im Hintergrund ragt die Ruine Schülzburg aus dem Wald.

Hiking through snow near Maisenburg farming estate; in the background, the ruins of the Schülzburg protrude out of the woods.

Balade dans la neige près du Domaine de Maisenburg ; la ruine du Schülzburg se profile derrière la forêt.

Fachwerkidylle in Hayingen

Idyllic half-timbered buildings in Hayingen

Maisons en pan de bois idylliques à Hayingen

Seit über 50 Jahren wird in Hayingen in der freien Natur Theater gespielt.

For over fifty years plays have been performed in the open air in Hayingen.

Depuis plus de 50 ans, on joue du théâtre en plein air à Hayingen.

Schloss Ehrenfels bei Hayingen war einst ein Sommersitz der Zwiefalter Äbte.

Castle Ehrenfels near Hayingen was once the summer residence of the abbots of Zwiefalten.

Le château d'Ehrenfels près d'Hayingen était autrefois la résidence d'été des abbés de Zwiefalten.

Besucher können die Wimsener Höhle per Holzkahn erkunden.

Visitors can explore the Wimsener Höhle by boat.

La grotte de Wimsen peut être visitée en chaland de bois.

Forellen im klaren Wasser der Zwiefalter Ach

Trout in the clear waters of the Zwiefalter Ach

Des truites dans l'eau limpide de la Zwiefalter Ach

Die jüngst renovierte Wimsener Mühle und das Gasthaus »Friedrichshöhle« aus luftiger Höhe

An aerial view of the recently renovated Wimsener Mühle and the inn "Friedrichshöhle"

Une vue aérienne du moulin de Wimsen, récemment restauré, et de l'auberge « Friedrichshöhle »

Die ausgedehnten Klosteranlagen rund um das Zwiefalter Münster dienen heute als Klinikum für psychisch Erkrankte.

Surrounding the Zwiefalten Cathedral, the extensive monastery buildings and their grounds today house a psychiatric clinic.

Les grands bâtiments de l'abbatiale de Zwiefalten abritent aujourd'hui une clinique psychiatrique.

Das Innere des Münsters erstrahlt in barocker Pracht.

The interior of the cathedral, all aglow in Baroque splendour.

L'intérieur de l'abbatiale et sa splendeur baroque

Storchennest auf dem Kirchturm von Zwiefaltendorf

A stork's nest up on the church steeple of Zwiefaltendorf

Nid de cigognes sur le clocher de Zwiefaltendorf

Zwiefalten ist landauf, landab auch durch die Klosterbrauerei bekannt.

Zwiefalten is also known the length and breadth of the country for its monastery breweries.

Loin à la ronde, Zwiefalten est bien connue pour la brasserie de son abbatiale.

Frauen aus Zwiefaltendorf zupfen Blüten für die Blumenbilder am Fronleichnamsfest.

Women from Zwiefaltendorf picking off petals for carpets of blossoms to Corpus Christi Day.

Des femmes de Zwiefaltendorf cueillent des fleurs pour les compositions florales de la Fête-Dieu.

Zwiefaltendorf: Die Zeit scheint stehen geblieben zu sein.

Zwiefaltendorf: Time seems to have stood still.

Zwiefaltendorf où le temps semble s'être arrêté.

Frühlingslandschaft bei Rechtenstein

Spring landscape near Rechtenstein

Paysage printanier près de Rechtenstein

Rechtenstein mit der Dorfkirche Sankt Georg und der einstigen Stammburg der Herren von Stein

Rechtenstein with its village church Sankt Georg and stronghold, former ancestral seat of the Lords of Stein

A Rechtenstein, l'église Sankt Georg et le château dont est issue la lignée des seigneurs Von Stein

Im unteren Abschnitt der Großen Lauter führen nur Pfade durchs Tal, wie hier bei der Ruine Wartstein.

In the lower section of the Große Lauter only small paths run along the valley, like this one near the Wartstein Ruins.

Près du cours inférieur de la Große Lauter, seuls des sentiers traversent la vallée, comme ici près de la ruine de Wartstein.

Vom Heumacherfels geht der Blick über Obermarchtal gen Oberschwaben.

The view from Heumacherfels across Obermarchtal towards Upper Swabia

Du Heumacherfels, le regard se porte sur Obermarchtal puis vers la Haute Souabe.

Die doppeltürmige Kirche des ehemaligen Prämonstratenserklosters Obermarchtal thront hoch über der Donau.

Die two-steepled church of the former Premonstratensian monastery of Obermarchtal reigns over the Danube.

L'église à deux tours de l'ancienne abbaye des Prémontrés d'Obermarchtal trône au-dessus du Danube.

An der Donau in Munderkingen

The banks of the Danube in Munderkingen

Le Danube à Munderkingen

Das vieltürmige Ehingen

Ehingen, town of many towers

Ehingen et ses nombreuses tours

Der Ehinger Marktplatz mit dem Rathaus, dem einstigen Landhaus der schwäbisch-österreichischen Landstände und dem Marktbrunnen

Ehingen market square with its town hall, the building that formerly housed the regional chambers of the Further Austrian representatives and the market fountain

La place du Marché d'Ehingen, son hôtel de ville, l'ancienne maison des Etats souabes et autrichiens et la fontaine du marché

Einst Sommersitz der Äbte von Zwiefalten, heute Ort zweier Museen: Schloss Mochental

In past times the summer residence of the abbots of Zwiefalten, today the site of two museums: Castle Mochental

Le château de Mochental, autrefois résidence d'été des abbés de Zwiefalten, abrite aujourd'hui deux musées.

Im Mochentaler Besenmuseum sind Raritäten und ganz gewöhnliche Feger aus aller Welt zusammengetragen.

The Mochental Broom Museum has a large collection including rare specimens as well as perfectly ordinary brooms from all over the world.

Au musée des balais de Mochental sont exposés des pièces rares mais aussi des exemplaires plus communs venant du monde entier.

Barock und Moderne geben sich in der Galerie Schloss Mochental ein Stelldichein.

Baroque and modern meet in the gallery of Castle Mochental.

Le baroque et le moderne se sont donné rendez-vous dans la galerie du château de Mochental.

Landgericht – der Name dieses Höhenrückens verweist auf eine alte Gerichtsstätte bei Mundingen. Ein Gedenkstein markiert heute den Rechtsort.

Landgericht (literally: District Court)—the name of this mountain ridge actually refers to an old court of justice near Mundingen. Today a memorial stone marks where it stood.

« Landgericht » : le nom de cette crête rappelle un lieu (aujourd'hui marqué par une pierre) où l'on rendait autrefois la justice, près de Mundingen.

»Viel Steine gab's …« Halt, es gibt sie noch immer, wie hier bei Dächingen.

"Many rocks there were …" And, well, there still are, as can be seen here near Dächingen.

« Il y avait beaucoup de pierres … » Halte ! Ils sont toujours là, comme ici près de Dächingen.

Die Riedkapelle bei Dächingen wurde um 1465 erstmals erwähnt.

The earliest documentary evidence of the chapel Riedkapelle near Dächingen dates back to 1465.

La Riedkapelle près de Dächingen fut mentionnée pour la première fois vers 1465.

Das Schloss in Granheim wurde um 1776 von den Herren von Speth erbaut.

The castle in Granheim was built in 1776 by the lords of Speth.

Le château de Granheim a été érigé vers 1776 par les seigneurs de Speth.

Mit dieser Pumpanlage wurde 1871 erstmals Wasser auf die Albhochfläche gepumpt.

With this equipment water was first pumped up onto the Alb uplands in 1871.

En 1871, cette station pompa de l'eau vers le haut-plateau du Jura : une première !

In Teuringshofen im Schmiechtal steht das erste Pumpwerk der Albwasserversorgung.

The first pumping-station of the Alb Water Board is located in Teuringshofen in the Schmiech Valley.

À Teuringshofen, dans la vallée de la Schmiech, se trouve la première usine de pompage pour approvisionner en eau le Jura.

Die Dreikönigsmühle mit dem Achursprung liegt nahe der Stadt Schelklingen.

The Dreikönigsmühle, where also lies the source of the Ach, is situated near the town of Schelklingen.

La Dreikönigsmühle et la source de l'Ach sont situées près de la ville de Schelklingen.

Die Schelklinger Friedhofskapelle Sankt Afra ist mit Wandmalereien aus der Zeit um 1300 ausgeschmückt.

Schelklingen cemetery chapel, Sankt Afra, is decorated with murals dating back to around 1300.

Dans le cimetière de Schelklingen, la chapelle Sankt Afra est décorée de fresques murales de la fin du 13e siècle.

Prächtige Tür im ehemaligen Kloster Urspring bei Schelklingen

Splendid door in the former monastery of Urspring near Schelklingen

Somptueuse porte de l'ancien monastère d'Urspring, près de Schelklingen

Zementwerk-Architektur in Schelklingen

Cement plant architecture in Schelklingen

Architecture industrielle : la cimenterie de Schelklingen

Ein etwa drei Kilometer langes Förderband transportiert Kalkstein vom Steinbruch am Hühnerberg zum Schelklinger Zementwerk.

An approximately three-kilometre-long conveyer belt transports limestone from the quarry at Hühnerberg to the cement plant in Schelklingen.

Un tapis roulant d'environ 3 kilomètres amène la pierre calcaire de la carrière du Hühnerberg à la cimenterie de Schelklingen.

Blick von der Ruine Hohenschelklingen bis zum 614 Meter hohen Lützelberg

View from the Hohenschelklingen Ruins up to the 614-metre-high Lützelberg

De la ruine de Hohenschelklingen, on voit le Lützelberg (614 m).

Gewitterfront bei Justingen

Thunderstorm brewing near Justingen

Front orageux près de Justingen

Das Rummeltal bei Magolsheim ist ein albtypisches Trockental.

The Rummeltal near Magolsheim is a dry valley typical of the Alb.

Le Rummeltal, près de Magolsheim, est une vallée sèche typique pour le Jura.

Mehrstetten im Abendlicht

Mehrstetten in the light of evening

Mehrstetten dans la lumière du soir

Flurkapelle zwischen Magolsheim und Ingstetten

A solitary chapel between Magolsheim and Ingstetten

Chapelle en plein champ, entre Magolsheim et Ingstetten

Novemberstimmung bei Feldstetten

November mood near Feldstetten

Atmosphère de novembre près de Feldstetten

Blick über die weite Albfläche bei Heroldstatt

View over the wide expanse of the Alb near Heroldstatt

Vue sur la vaste étendue du Jura près d'Heroldstatt

Ein Darrieus-Rotor dient bei Ennabeuren zur Windenergiegewinnung.

A Darrieus-Rotor serves to harness wind energy near Ennabeuren.

Un rotor de Darrieus produit de l'énergie éolienne près d'Ennabeuren.

Ein aufgelassener Steinbruch auf der Blaubeurer Alb

An disused quarry on the Blaubeuren Alb

Une carrière abandonnée dans le Jura de Blaubeuren

Komposition in Lila und Grün: Büschelschön-Feld bei Feldstetten

Composition in lilac and green: a field of Phacelia near Feldstetten

Symphonie de mauve et de vert : un champ de phacélies près de Feldstetten

Die Schertelshöhle bei Westerheim zählt zu den schönsten Schauhöhlen der Schwäbischen Alb.

The Schertelshöhle near Westerheim is one of the finest commercial caves of the Swabian Alb.

La Schertelshöhle, près de Westerheim, compte parmi les plus belles grottes ouvertes au public du Jura souabe.

Das alte Westerheimer Rathaus beherbergt heute das »Haus des Gastes«, im Hintergrund die Kirche Sankt Stephanus.

Today the old Westerheim town hall accommodates the "Haus des Gastes"; in the background the church of Sankt Stephanus.

L'ancien Hôtel de Ville de Westerheim abrite aujourd'hui la « Maison du Visiteur » ; à l'arrière-plan, l'église Sankt Stephanus.

Wald und Feld sind leicht gewellt – bei Laichingen.

Gently olling landscape of fields and woods—near Laichingen.

Près de Laichingen, champs et forêts ondoient.

Die Laichinger Pfarrkirche wurde Mitte des 16. Jahrhunderts mit stattlichen Wehrmauern umgeben, auf denen heute noch manch Fachwerkhaus sitzt.

In the middle of the 16th century Laichingen parish church was surrounded by imposing walls of defence, upon which a number of half-timbered houses now stand.

Les imposants murs de défense construits au milieu du 16e siècle autour de l'église paroissiale de Laichingen servent encore de fondations à de nombreuses maisons à pans de bois.

Beim Weiler Widderstall nahe Merklingen befindet sich ein großes Solarenergie-Testfeld.

Near the hamlet of Widderstall, not far from Merklingen, a large solar energy testing area is situated.

Près du hameau de Widderstall, près de Merklingen, se trouve un important champ d'expérimentation pour l'énergie solaire.

Die Pfarrkirche »Zu den Heiligen Drei Königen« bildet das Zentrum von Merklingen.

The parish church "Zu den Heiligen Drei Königen" forms the centre of Merklingen.

L'église paroissiale « Zu den Heiligen Drei Königen » constitue le centre de Merklingen.

Segelflieger auf dem Landeplatz Blaubeuren bei Sonderbuch

Glider pilots and their aircraft at the Blaubeuren airstrip near Sonderbuch

Des planeurs sur le terrain d'atterrissage de Blaubeuren, près de Sonderbuch

Abwechslung am Ackerrand bei Asch

Variation at the edge of a field near Asch

Variations à la lisière des champs, près d'Asch

Eines der meist besuchten Ziele der Schwäbischen Alb: der Blautopf in Blaubeuren

One of the most popular attractions on the Swabian Alb: the Blautopf in Blaubeuren

Un des lieux les plus visités du Jura souabe : le Blautopf à Blaubeuren

Über den Dächern von Blaubeuren

Over the rooftops of Blaubeuren

Au-dessus des toits de Blaubeuren

»Maria mit dem Kinde« des spätgotischen Hochaltars in der Blaubeurer Klosterkirche

"Mary and Child" of the Late Gothic high altar in the Blaubeuren monastic church

La Vierge à l'enfant de l'autel principal, en style gothique flamboyant, dans l'abbatiale de Blaubeuren

Hoch über der Stadt und dem Kloster thront der bizarre Blaufels.

The bizarre Blaufels reigns high over the town and monastery.

Dominant la ville et l'abbaye, l'étrange Blaufels

Lautern liegt in einem verträumten Seitental der Blau.

Lautern lies in a sleepy lateral valley of the Blau.

Lautern est situé dans une vallée secondaire idyllique de la Blau.

Die kleine Pfarrkirche in Lautern beherbergt einen prächtigen Schnitzaltar der Ulmer Schule.

The little parish church in Lautern possesses a splendidly carved wooden altar in the style of the "Ulm school".

La petite église paroissiale de Lautern abrite un magnifique autel en bois sculpté, de l'école d'Ulm.

Schloss und Burg Klingenstein liegen auf einem Felsvorsprung hoch über der Donau.

The castle and the stronghold of Klingenstein lie high above the Danube.

Le château et la forteresse de Klingenstein sont construits sur un éperon rocheux surplombant le Danube.

Das Schloss in Erbach, ein Renaissancebau aus dem 16. Jahrhundert

The castle in Erbach, a Renaissance building of the 16th century

Le château d'Erbach, un édifice renaissance du 16e siècle

Die klassizistische Kirche »Zum heiligsten Namen Jesu« in Oberdischingen ist auch bekannt als »Schwäbisches Pantheon«.

Built in the Classical style, the church "Zum heiligsten Namen Jesu" in Oberdischingen is also known as the "Swabian Pantheon".

L'église « Zum heiligsten Namen Jesu » d'Oberdischingen (datant du classicisme), également connue sous le nom de « Panthéon Souabe ».

Im Ulmer Fischerviertel findet man in jeder Ecke ein lauschiges Plätzchen zum Verweilen.

In the part of Ulm known as the "Fishermen's Quarter" you will be sure to find a cosy corner to sit and relax.

Dans le quartier des pêcheurs d'Ulm, on trouve partout des coins idylliques où s'arrêter.

Weithin sichtbar und alles überragend: das Ulmer Münster inmitten der Donaustadt

Visible from far and wide and towering high over everything its surroundings: Ulm Cathedral in the heart of this town on the Danube

Visible de loin et dépassant tout: la cathédrale d'Ulm, située au centre de cette ville du Danube

Die Lauter und die Blaubeurer Alb

Ein Stück Land, in das man kein Haus hineinbauen möchte und in dem man doch bleiben möchte, weil das Leben nicht ausreicht, Wacholderheide und Wiesental in sich aufzunehmen.« Der Holzschneider HAP Grieshaber sah die Schwäbische Alb als Kosmos im Kleinen, und auch die Mittlere Kuppen- und Flächenalb vereint landschaftliche Schönheit, erd- und kulturgeschichtliche Vielfalt auf engstem Raum. Das Große Lautertal ist vielleicht das schönste Tal, eines der beliebtesten Ausflugsziele ist es allemal. Auf 44 Kilometer schlängelt sich das klare, lautere Flüsschen von der Quelle in Offenhausen bis zur Mündung in die Donau bei Lauterach.

Über dem Tal thronen rund 20 Burgen, mit der Derneck gibt es noch eine erhaltene Anlage, die als Wanderheim dient. Die Burgen künden vom Flickenteppich der Adelsherrschaft. Hier stießen die Territorien von Württemberg und Fürstenberg aufeinander, existierten kleine Herrschaftsgebiete derer von Speth oder Gundelfingen, ein Zollhäuschen bei Bichishausen kündet vom Grenzverlauf.

Am Fluss entwickelte sich eine charakteristische Lebens- und Wirtschaftsweise. Während auf der Hochfläche das Wasser rasch versickerte und mühsam in »Hülen«, mit Lehm abgedichteten Teichen, aufgefangen werden musste, konnte man im Tal Getreide- und Ölmühlen betreiben. Dagegen war hier die Landwirtschaft auf durch Realteilung zerstückelten »Handtuchäckerle« mühsam. Aber die Not machte erfinderisch: So versuchten die Menschen in Münzdorf, mit der Köhlerei ihr Aufkommen aufzubessern, in Weiler züchteten sie Schnecken. Der »Albschneck« wird mit der Renaissance regionaler Produkte ebenso wiederbelebt wie der Anbau von Alblinsen oder die Erzeugung von Ziegenkäse.

Heute bringt vor allem aber der Fremdenverkehr Wirtschaftskraft und Arbeitsplätze: 200 000 Touristen kommen alljährlich hierher, Zehntausende von Tagesausflüglern zieht es zu den Hengstparaden ins Haupt- und Landgestüt Marbach, bei der »Albhof-Tour« und »Alb-Guide«-Führungen lernen Wanderer und Radler Land und Leute kennen. Mit der Schwäbischen Albbahn wurde das Schienennetz über Münsingen nach Schelklingen und Ulm wieder in Betrieb genommen.

Im Garten des 1278 gegründeten Dominikanerinnenklosters Offenhausen, heute Gestütshof mit Museum, entspringt das muntere Flüsschen und mäandert nach Gomadingen. Der Ort wird überragt vom 844 Meter hohen Sternberg, einem Basaltkegel vulkanischen Ursprungs. Wir kommen nach Marbach zum 1573 gegründeten württembergischen Hof- und späteren Staatsgestüt mit heute 150 Angestellten, tausend Hektar Acker- und Weideland und rund 400 Pferden: württembergische Warmblüter, kaltblütige Schwarzwälder Füchse, ausdauernde Haflinger. Besondere Pferde sind die Araber, mit deren Zucht Anfang des 19. Jahrhunderts begonnen wurde.

Hinter Marbach öffnet sich der Blick ins Dolderbachtal, über dem Schloss Grafeneck thront. Herzog Karl Eugen ließ das frühere Jagdschloss zum barocken Lustschloss umbauen, errichtete ein Opernhaus für seinen Hofstaat. Das düsterste Kapitel in der Schlossgeschichte schrieben die Nazis. Sie begannen in dem der Samariterstiftung der evangelischen Kirche gehörenden Heim mit der »Euthanasie«, der planmäßigen Ermordung von Behinderten und Kranken: 1940 wurden mindestens 10 654 Menschen vergast. Heute ist Grafeneck wieder im Besitz der Samariterstiftung, in Wohngruppen und Werkstätten leben und arbeiten geistig und körperlich Behinderte, in einer Gedenkstätte dokumentieren Historiker die Namen der Ermordeten.

Auch die militärische Vergangenheit ist in der Gegend präsent: 1885 wurde der Truppenübungsplatz Münsingen geschaffen. Nach dem Krieg waren französische Truppen und Bundeswehrsoldaten stationiert, und trotz oder gerade wegen der Manöver entwickelte sich eine einmalige Flora und Fauna, die Naturschützer nun nach Abzug des Militärs in einem Biosphärenreservat bewahren möchten.

Münsingen hat mit der evangelischen Martinskirche eine frühgotische Basilika aus dem 13. Jahrhundert. Darüber hinaus bietet die Stadt, in deren Schloss 1482 mit der Unterzeichnung des Münsinger Vertrags die Teilung des Landes beendet wurde, imposante Fachwerkgebäude und eine schön sanierte Innenstadt.

Von der Hochfläche zurück ins Tal, wo sich auch in Buttenhausen menschliche Höhenflüge und Abgründe eröffnen. 1787 siedelten Ortsadelige jüdische Familien an, die Dorf und Herrschaft durch Handel zum Wohlstand verhelfen sollten. Das Zusammenleben schien zu funktionieren, 1870 lebten sogar mehr Juden als Christen in Buttenhausen. 1903 stiftete Kommerzienrat Lehmann Bernheimer eine Realschule für beide Konfessionen. In der »Reichskristallnacht« wurde die Synagoge niedergebrannt, später wurden die Juden in die Vernichtungslager deportiert. Heute erinnern Denkmale ans Ende des friedlichen Zusammenlebens, in der Realschule ist ein Museum untergebracht, der Judenfriedhof wird liebevoll gepflegt.

In Buttenhausen mahnen zwei weitere Personen zu Toleranz und Menschlichkeit: Hier wurde 1875 der Zentrumspolitiker und Reichsfinanzminister Matthias Erzberger geboren, den rechtsradikale Offiziere 1921 erschossen; sein Geburtshaus ist heute Gedenkstätte. Im Landheim Buttenhausen lebte Gustav Mesmer (1903–1994), der »Ikarus vom Lautertal«, Konstrukteur und Erbauer skurriler Flugapparate. Er träumte den alten Menschheitstraum, frei wie ein Vogel zu sein, auf den Schwingen der Phantasie erhob er sich über die Enge des Tals.

Die Phantasie regt über dem Tal auch das Naturtheater Hayingen an. Martin Schleker schreibt und inszeniert kritische Volkstheaterstücke, etwa über die »Schöne Lau« im Blautopf. Hayingen, die kleinste Stadt Württembergs, wurde um 1250 von den Herren von Gundelfingen gegründet. Schön restaurierte Fachwerkhäuser wie Rathaus und Spital, die katholische Kirche Sankt Vitus oder Reste der Stadtbefestigung zeugen von der ungewöhnlichen Vergangenheit. In der Nähe von Hayingen und Schloss Ehrenfels liegt die Wimsener Höhle, eine 723 Meter lange Karstquelle, aus der die Zwiefalter Ach entspringt. Sie ist auf einer Länge von 70 Meter mit dem Kahn befahrbar – so wird Erdgeschichte direkt erfahrbar.

Die Gundelfinger errichteten im Tal neben dem Stammsitz Niedergundelfingen die mächtige Burg Hohengundelfingen. 1105 bezeugte ein Swigger von Gundelfingen eine Schenkungsurkunde für das Kloster Sankt Blasien im Schwarzwald, die erste Schriftquelle über das Lautertal.

Hinter Indelhausen, wo der Mitbegründer der Südwest-CDU, Tiberius »Bere« Fundel, geboren wurde, hinter Anhausen, wo sich mit der Schülzburg derer von Speth die mächtigste Burg der Gegend erhebt, ist das Tal für Autos streckenweise nicht befahrbar. Dafür kann man im Flüsschen bequem baden. Vorbei am Wolfstal, einer der beeindruckendsten Albschluchten, fließt die Lauter in die Donau. Von Ferne grüßt der 767 Meter hohe Bussen, der »heilige Berg Oberschwabens«.

Wie Perlen aufgereiht liegen nun barocke Bauwerke am Weg: Die 1089 gegründete Benediktinerabtei Zwiefalten, wo Johann Michael Fischer in der Mitte des 18. Jahrhunderts das Münster errichtete, einer der bedeutendsten Bauten des süddeutschen Spätbarock. 1812 richtete der Staat hinter den Klostermauern die erste »Königlich-Württembergische Irrenanstalt« ein, heute eine moderne psychiatrische Klinik. Donauabwärts kommen wir nach Obermarchtal, einer Ende des 17. Jahrhunderts erbauten Prämonstratenser-Reichsabtei. Prächtiger Frühbarock mit einem Refektorium, das zu den schönsten klösterlichen Speise- und Festsälen im Südwesten zählt, mit einem Theater, das Wirkungsstätte des Chorherrn Sebastian Sailer (»Die Schwäbische Schöpfung«) war. Hoch über der Donau liegt Schloss Mochental, ehemals Sommerresidenz der Zwiefalter Äbte. Heute beherbergt die dreiflügelige Anlage eine Kunstgalerie und ein Besenmuseum.

Auch bedeutende Städte liegen am Fluss: das Landstädtchen Munderkingen, der Verkehrsknotenpunkt und Marktort Ehingen, die beide zu Vorderösterreich und zum Bündnis der »Donaustädte« gehörten. Ehingen war Sitz der schwäbisch-österreichischen Landstände, das 1749 am Marktplatz errichtete Ständehaus war Kanzlei- und Tagungsgebäude, die Reichsritter residierten im »Ritterhaus«, drei Barockkirchen prägen das Stadtbild. In Oberdischingen herrschte der »Malefizschenk«, Reichsgraf Franz Ludwig Schenk von Castell. Er ließ um 1764 eine stattliche Residenzstraße und eine Kirche nach französischem Vorbild, das »Schwäbische Pantheon«, anlegen. An die juristische Macht des Adels erinnert das »Landgericht« bei Mundingen, eine um 1200 errichtete Gerichtsstätte der Grafen von Wartstein.

»In Ulm, um Ulm und Ulm herum« wird das Welt- und Landschaftsbild bestimmt vom alles überragenden Münster mit seinem 161 Meter hohen Kirchturm, dem höchsten der Welt. Zeichen der Macht der Reichsstadt, die 1181 Stadtrecht erhielt, 1377 den Grundstein für das gotische Gotteshaus legte und damit zugleich Künstler der »Ulmer Schule« wie die Erharts, Syrlins und Parlers, Bartholomäus Zeitblom oder Hans Multscher hervorbrachte.

Im Stadtbild sind Tradition und Fortschritt vereint: Gottfried Böhms Stadtbibliothek neben dem historischen Fischerviertel, Richard Meiers Stadthaus vor dem Münster, Max Bills Hochschule für Gestaltung neben der Bundesfestung am Oberen Kuhberg, die in der Nazi-Zeit ein KZ war.

Umgeben von bewaldeten Höhen, schroffen Felsen und von Burgruinen liegt das 1267 erstmals erwähnte Blaubeuren. Der Ruckenberg, das »Klötzle Blei«, stand Pate für den Zungenbrecher »'s leit a Klötzle Blei glei bei Blaubeura – glei bei Blaubeura leit a Klötzle Blei«. Volkstümlich geworden ist auch der Blautopf, dem Eduard Mörike mit seiner »Historie von der schönen Lau« 1853 ein poetisches Denkmal gesetzt hat. Die 22 Meter tiefe Karstquelle ist ein Anziehungspunkt für Taucher.

Am Blautopf gründeten die Pfalzgrafen von Tübingen 1085 ein Benediktinerkloster, 1447 kam es unter württembergische Schirmherrschaft. Nach der Reformation wurde das Kloster evangelisch-theologisches Seminar. Größtes Kleinod in der 1491 bis 1499 von Peter von Koblenz neu erbauten gotischen Klosterkirche ist der Hochaltar mit dem Schnitzwerk von Jörg Syrlin dem Jüngeren und Michel Erhart sowie Gemälden von Bartholomäus Zeitblom.

Das Blaubeurer urgeschichtliche Museum profitiert von der Nähe archäologischer Fundstätten. Insbesondere die Elfenbeinfiguren aus der Höhle Geißenklösterle – Mammut, Bär, Bison und menschenähnliche Wesen mit erhobenen Armen – zählen zu den bedeutendsten Funden der Altsteinzeit in Mitteleuropa.

In den von Burgen und Schlössern wie Justingen, Alt- und Neusteußlingen, Muschenwang oder Hohenschelklingen gesäumten Tälern von Ach und Schmiech liegen Schelklingen, ein 1127 urkundlich erwähntes Städtchen, und das frühere Benediktinerinnenkloster Urspring, heute ein bekanntes reformpädagogisches Gymnasium mit Internat. Eine Enklave inmitten katholischen Gebiets sind die »Lutherischen Berge« mit den Orten Weilersteußlingen, Ermelau, Ennahofen, Grötzingen, Weiler, Turingshofen, Talsteußlingen und Sondernach, die 1581 unter württembergische Herrschaft kamen.

Über die Sontheimer Höhle bei Heroldstatt und den Hohlen Stein bei Feldstetten gelangen wir zur Laichinger Tiefenhöhle, der 55 Meter tiefen und 320 Meter langen, einzigen öffentlich zugänglichen Schachthöhle der Bundesrepublik. Laichingen ist auch bekannt für seine Leinenweberei und für die umstrittene »Hungerchronik«.

Die Not prägte einst die Mentalität vieler Älbler. Selbst wenn sie heute nicht mehr wie ihre Vorfahren Hunger leiden, so wissen sie doch noch immer um die Mühsal, mit der das täglich Brot in diesem Landstrich erworben werden musste.

Wolfgang Alber

The Lauter and the Blaubeuren Alb

A piece of land, where you have no desire to build a house and yet where you would like to linger because a lifetime is not long enough to take it all in: the juniper heaths and the valley meadows." The wood-carver HAP Grieshaber saw the Swabian Alb as a cosmos in miniature and the Central Kuppenalb and Flächenalb unites a landscape of great beauty with a wide variety of geographical and cultural history within the very small area. The Valley of the Große Lauter is perhaps the most beautiful valley in the region; it is certainly one of the most popular attractions amongst visitors. Its little crystal clear river snakes its way over a distance of 44 kilometres from its source in Offenhausen to where it flows into the Danube near Lauterach.

Twenty strongholds and castles reign over the valley, including the Derneck, which serves as a hikers' retreat. They all serve to illustrate the patchwork territories of the ruling nobility. Here the lands of Württemberg and Fürstenberg met, there existed small dominions, those of the von Speths or the Gundelfingens, a little customs cabin near Bichishausen indicating where the borders ran.

Along the river a characteristic way of life and typical kinds of industries gradually developed. As the high plains are an area of rapid seepage, water had to be collected, painstakingly, in so-called "Hülen" or ponds that were lined with clay to make them watertight whereas, in the valley, it was possible to run corn and oil mills. However, according certain inheritance laws, the land was divided up into portions commonly referred to as "Handtuchäckerle" (literally, little fields the size of hand-towels), which made farming here much more difficult. But necessity being the mother of invention, the inhabitants of Münzdorf attempted to improve their income by charcoal burning, in Weiler they bred edible snails.

Above all, however, today it is tourism that is responsible for economic power and for securing jobs in the region: 200,000 tourists come here every year, tens of thousands of day-trippers are drawn to the "Hengstparaden" in the Marbach State Stud Farm; on an "Albhof-Tour" or an "Alb-Guide" walk, hikers and cyclists become acquainted with the region and its people. With the Swabian Alb railway, the line to Schelklingen and Ulm via Münsingen was reopened.

In the garden of the Dominican monastery of Offenhausen, which was founded in 1278 and which, today, is a stud farm and museum, the lively little river springs forth and meanders along to Gomadingen. High over the town towers the 844-metre-high Sternberg, a basaltic cone of volcanic origin.

And now we come to Marbach, to the Württemberg state stud farm, which was founded in 1573, later to become the State Stud Farm with its 150 employees, a thousand hectares of farmland and meadows and around 400 horses: Württemberg horses, Black Forest harness horses, sturdy untiring Haflinger. Exceptional horses are the Arabs, whose breeding began at the onset of the 19th century. Beyond Marbach the view opens out into the Dolderbach Valley, above which Castle Grafeneck reigns. It was formerly a hunting lodge until Duke Karl Eugen had it converted in the Baroque style to serve as his summer residence and established an opera house there for his court. The gloomiest chapter in the history of the castle was written by the Nazis: In the home there, belonging to the Samaritan foundation of the Protestant church, they began what was called "euthanasia", the systematic murdering of the infirm and disabled: in 1940 at least 10,654 people were gassed to death.

Today Grafeneck is again under the ownership of the Samaritan foundation. The mentally and physically disabled live together in group accommodation and work in workshops; in a memorial here historians have documented the names of the murder victims. The military past is also present in the area: In 1885 the Münsingen army training grounds were opened. After the war French troops and German soldiers were stationed here and despite the manœuvres—or perhaps because of them, there evolved a unique flora and fauna which conservationists wish to maintain in a biosphere reserve now that the army has been withdrawn.

Münsingen's Protestant church Martinskirche is an early Gothic basilica dating back to the 13th century. The town also offers imposing half-timbered buildings, a well restored town centre and a castle in which, in 1482 the partition of the land was brought to an end with the signing of the Münsingen Treaty.

Now from the high plains, we descend down into the valley, where in Buttenhausen, too, both heights and depths reveal themselves: In 1787 the local nobility encouraged the settlement of Jewish families who, through their business and trade, were to help the village and the whole territory to prosperity. Life together seemed to work; in fact, in 1870, there were more Jews than Christians living in Buttenhausen. In 1903 Councillor of commerce Lehmann Bernheimer donated a secondary high school for both confessions. On the "Reichskristallnacht", the synagogue was burned down, later Jewish inhabitants were deported to extermination camps. Today monuments stand in memory of the end of peaceful co-existence, in the secondary school there is now a museum, the Jewish cemetery is lovingly tended.

In Buttenhausen two further people are a strong reminder of the need for tolerance and humanity: Born here in 1875, the politician and Reich finance minister Matthias Erzberger, was shot dead by radical right-wing officers in 1921; the house where he was born is today a memorial.

In Landheim Buttenhausen once lived Gustav Mesmer, (1903–1994) the so-called "Icarus of the Lauter Valley", designer and builder of bizarre flying machines. His was the age-old dream of being as free as a bird; upon the wings of fantasy he soared over the narrow valley.

The open-air theatre of Hayingen also arouses the fantasy. Martin Schleker writes and produces critical folk plays, for instance about the "Schöne Lau" in the Blautopf. Hayingen, the smallest town in Württemberg, was founded around 1250 by the lords of Gundelfingen. Beautifully restored half-timbered buildings such as the town hall and the hospital, the Catholic church of Sankt Vitus or the remaining town fortifications bear are evidence of Hayingen's unusual past. Near the town, not far from Castle Ehrenfels, lies Wimsener Cave, a 723-metre-long karst spring, from which the Zwiefalter Ach arises. For a length of 70 metres it can be explored by boat, thus making geology come to life.

The Gundelfingens built the mighty stronghold of Hohengundelfingen in the valley, next to the ancestral seat of Niedergundelfingen. In 1105 a certain Swigger von Gundelfingen signed as a witness on a document of donation for the monastery of Sankt Blasien in the Black Forest, the first time the Lauter Valley finds mention in writing. Beyond Indelhausen, where the co-founder of the Southwest-CDU, Tiberius Fundel, was born, beyond Anhausen, where the greatest castle in the area—the Schülzburg of lords von Speth—towers, the valley is in part inaccessible to vehicles. However, instead, you can enjoy a swim in the little river. Having passed through Wolfstal, one of the most impressive gorges of the Alb, the Lauter then flows into the Danube.

Like pearls on a string lie a series of Baroque buildings along the route: One of the most significant buildings of the Late Baroque in South Germany was founded in 1089—the Benedictine abbey of Zwiefalten, where Johann Michael Fischer erected the cathedral in the middle of the 18th century. In 1812 the state set up its first "Royal Württemberg Lunatic Asylum", behind the walls of the monastery. Today it is a modern psychiatric hospital. Further down the Danube we come to Obermarchtal, a Premonstratensian abbey, which was constructed at the end of the 17th century. Built in splendid Early Baroque, it possesses a refectory, which is one of the finest monastery dining and festival halls of its kind in the whole of the Southwest. It also has a theatre, which was the creative space for the canon Sebastian Sailer's dramatic work "The Swabian Genesis". High above the Danube lies Castle Mochental, in former times the summer residence of the abbots of Zwiefalten. Today, the three-winged building houses an art gallery and a broom museum.

Along the river also lie a number of important towns: the little town of Munderkingen, the main junction and market town of Ehingen, both of which belonged to Further Austria and to the alliance of the so-called "Danube towns". Ehingen was the seat of the Further Austrian authorities; the building that housed the upper chambers, was constructed in 1749 on the market square and served as a chancellery and conference building; the imperial knights resided in the "Ritterhaus"; three Baroque churches are characteristic features of the townscape. The imperial count Franz Ludwig Schenk von Castell, better known as the "Malefizschenk", ruled in Oberdischingen. Around 1764 he had a stately residential road built, and a church in the French style, known as the "Swabian pantheon". Built near Mundingen around 1200, the "Landgericht", a place of court of the counts of Wartstein, recalls the legal power held by the nobility.

In and around Ulm or, as the well-known tongue twister goes: "In Ulm, um Ulm und um Ulm herum", the view of both the world and of the landscape is dominated by the towering cathedral. With its 161-metre-high steeple, it is the highest in the world and is a sign of the power of this old German Reich town. In 1181 Ulm gained town rights and, in 1377, laid the foundation stone for this Gothic house of God.

Tradition and progress are united in the townscape: Gottfried Böhm's public library next to the historical »Fishermen's Quarter«, Richard Meier's »Stadthaus« in front of the cathedral, Max Bill's building »Hochschule für Gestaltung« alongside the federal fortifications on the Oberer Kuhberg, which was a concentration camp during the Nazi period.

Surrounded by wooded uplands, rugged cliffs and castle ruins, lies the town of Blaubeuren, which was first mentioned in documents in 1267. Always popular is the Blautopf, in poetic memory of which Eduard Mörike wrote his "Historie von der schönen Lau" in 1853. This karst spring is 22 metres deep and an attraction for divers.

At the Blautopf the Count Palatine of Tübingen founded a Benedictine monastery in 1085; in 1447 it came under Württemberg patronage. After the Reformation the monastery became a Protestant theological preparatory college. The greatest gem in newly built Gothic monastic church, constructed between 1491 and 1499 by Peter von Koblenz, is the high altar with its wood carving by Jörg Syrlin junior and Michel Erhart as well as paintings by Bartholomäus Zeitblom.

In the valleys of the Ach and the Schmiech, which are lined all along with strongholds and castles such as Justingen, Altsteußlingen and Neusteußlingen, Muschenwang or Hohenschelklingen, lie, Schelklingen, a little town first mentioned in documents in 1127, and the former Benedictine nunnery Urspring, which today is a well known specialist grammar school with boarding facilities. An enclave in the midst of a Catholic area are the "Lutheran Hills" with the villages of Weilersteußlingen, Ermelau, Ennahofen, Grötzingen, Turingshofen, Talsteußlingen and Sondernach, all of which came under Württemberg rule in 1581.

Via Sontheim Cave near Heroldstatt and the cave called Hohler Stein near Feldstetten, we reach Laichingen Tiefenhöhle. With a depth of 55 metres and a length of 320 metres, this vertical cave is the only one of its kind in Germany open to the public. In addition, Laichingen is known for linen weaving. Need and adversity in the past have affected the mentality of many of the people on the Alb. Even if they no longer have to suffer from hunger as their forefathers once did, in this region the inhabitants are nevertheless constantly aware of the extreme difficulties and hard toil involved in securing their daily bread.

Wolfgang Alber

La Lauter et le Jura de Blaubeuren

C'est un coin de terre que l'on aimerait pouvoir préserver, tout en y vivant, car on ne se lasse pas d'humer la lande de genévrier et la vallée en herbe. » Le sculpteur sur bois HAP Grieshaber voyait dans le Jura souabe un condensé de l'univers. Le Jura moyen aussi, avec ses sommets arrondis et ses grands plaines, présente sur une petite surface de splendides paysages et une grande diversité géologique et culturelle. Si la vallée de la Große Lauter est l'une des plus belles vallées, elle est aussi à coup sûr le lieu de prédilection des randonneurs. Sur 44 kilomètres de long, le petit cours d'eau claire serpente de sa source, à Offenhausen, jusqu'au Danube, près de Lauterach.

Une vingtaine de châteaux-forts dominent la vallée, témoignant du morcellement des états de l'époque féodale. Bien conservé, celui de Derneck abrite un gîte pour randonneurs. C'est ici que se rencontrent les terres de Wurtemberg et de Fürstenberg, à côté de petits territoires comme ceux des princes de Speth ou de Gundelfingen. A Bichishausen, une petite cabane de douaniers témoigne de l'existence d'une frontière.

La vie économique et sociale des populations installées au bord de la rivière était très caractéristique de ce milieu d'implantation. Alors que sur les hauts plateaux, l'eau s'infiltrait rapidement dans le sol et qu'il fallait beaucoup d'énergie pour la retenir dans des mares imperméabilisées par de l'argile (les « Hülen »), les habitants de la vallée – eux – pouvaient en toute quiétude faire marcher leurs moulins à céréales et à huile. Par contre, l'agriculture n'était pas facilitée par le mode d'héritage des fermes et le morcellement en petits « mouchoirs de poche » qu'il entraînait. Mais de la difficulté naît l'ingéniosité : ainsi, les habitants de Münzdorf ont-ils amélioré leur ordinaire en fabriquant du charbon, et ceux de Weiler en élevant les escargots.

De nos jours, c'est le tourisme qui sous-tend l'essor économique et crée des emplois : 200 000 touristes visitent la région chaque année, et des dizaines de milliers de personnes viennent y passer la journée à l'occasion des parades d'étalons du haras de Marbach, tandis que marcheurs et cyclo-touristes peuvent découvrir la région et ses habitants lors des randonnées (« Albhof-Tour ») et visites guidées. Les lignes de chemin de fer du Jura souabe, ont été remises en service de Münsingen à Schelklingen et Ulm.

C'est dans le jardin du couvent des dominicaines d'Offenhausen (construit en 1278 et abritant aujourd'hui un haras et un musée) que le petit cours d'eau prend sa source pour serpenter ensuite vers Gomadingen. Le Sternberg, cône de basalte d'origine volcanique, surplombe la commune du haut de ses 844 mètres.

Nous arrivons à Marbach, haras ducal du Wurtemberg depuis 1573, aujourd'hui propriété du Land. 150 employés y travaillent sur mille hectares de champs cultivés et de pâtures, avec près de 400 chevaux de différentes races : les chevaux de sang du Wurtemberg, les chevaux de trait du Forêt Noire et les endurants Haflinger. Les chevaux arabes sont une race sortant de l'ordinaire dont on a commencé l'élevage au 19e siècle. Derrière Marbach, la vallée du Dolderbach s'offre au regard, surplombée par le château de Grafeneck. C'est le Duc Karl Eugen qui fit transformer l'ancien château de chasse en château de plaisance baroque et fit construire un opéra pour sa cour. Le château connut ses heures les plus sombres avec les nazis qui, dans le foyer de la fondation des « samaritains » de l'église protestante, organisèrent une euthanasie planifiée : assassinat de handicapés et de malades, dont 10 654 furent gazés au cours de la seule année 1940.

De nos jours, Grafeneck appartient de nouveau à la fondation des samaritains. Des handicapés physiques et mentaux y vivent et travaillent dans des ateliers, et l'on peut visiter un mémorial où des historiens ont répertorié le nom des victimes. Le passé militaire est également présent : c'est en 1885 qu'a été aménagé le terrain d'exercice de Münsingen. Après la guerre, des troupes françaises et des soldats de la Bundeswehr y stationnaient et malgré les manœuvres, ou peut-être justement à cause d'elles se sont développées une flore et une faune particulières que les défenseurs de la biosphère ont souhaité préserver sous forme de parc naturel.

Münsingen possède une basilique du 13e siècle, de style ogival premier, l'église protestante Martinskirche. Par ailleurs, la ville, dont le château fut témoin de la réunification du comté du Wurtemberg (signature du Traité de Münsingen en 1482), possède d'imposantes maisons à colombages et un centre ville admirablement restauré.

Quittons les hauts plateaux pour revenir dans la vallée : Buttenhausen, aussi nous offre un éventail des merveilles et des abîmes de la nature humaine. En 1787, les nobles du lieu y installèrent des familles juives dans le but d'apporter la prospérité au village et à ses seigneurs grâce au commerce. Il semble que la cohabitation ait réussi puisqu'en 1870, on trouvait plus de juifs que de chrétiens à Buttenhausen. En 1903, le conseiller Lehmann Bernheimer fonda une école secondaire destinée aux jeunes des deux confessions. Mais la synagogue fut incendiée pendant la « Nuit de Cristal » et, plus tard, les juifs furent déportés dans les camps de concentration. Aujourd'hui, des monuments rappellent les évènements qui mirent fin à la paisible cohabitation ; un musée a été aménagé dans l'école tandis que le cimetière juif est entretenu avec amour par Walter Ott.

A Buttenhausen, deux autres personnalités prêchèrent la tolérance et l'humanisme : Matthias Erzberger, un enfant du pays dont la maison natale est aujourd'hui transformée en mémorial (cet homme politique centriste et Ministre des Finances de la République de Weimar fut assassiné par des officiers de l'extrême droite en 1921), et Gustav Mesmer (1903–1994) qui vécut au foyer de Buttenhausen. Cet « Icarus de la vallée de la Lauter » inventa et construisit des appareils volants fantastiques. Il poursuivait un rêve vieux comme l'humanité – être libre comme un oiseau – et sur les ailes de son imagination, il s'éleva au dessus du confinement de la vallée.

Sur les hauteurs de la vallée, l'imagination est également stimulée par le théâtre de plein air d'Hayingen où Martin Schleker écrit et met en scène des pièces de théâtre populaire incisives. La plus petite commune du Wurtemberg, Hayingen, fut fondée en 1250 par les seigneurs de Gundelfingen. De belles maisons à pans de bois soigneusement restaurées (l'hôtel de ville et l'hôpital), l'église catholique Sankt Vitus, et les vestiges des remparts témoignent d'un passé glorieux. Non loin d'Hayingen et du château d'Ehrenfels se trouve la grotte de Wimsen, une source karstique longue de 723 mètres où la Zwiefalter Ach prend sa source. Elle est accessible en barque et navigable sur 70 mètres ce qui permet de revivre l'histoire géologique de la terre.

Derrière Indelhausen, où est né l'un des fondateurs du Parti Chrétien Démocrate du sud-ouest (Tiberius « Bere » Fundel), et derrière Anhausen où s'élève la forteresse Schülzburg de la lignée des Speth (le plus imposant château de la région), la route n'est pas praticable pour les voitures à certains endroits. Par contre, on peut se baigner tranquillement dans le petit cours d'eau. Après avoir laissé la vallée du loup (Wolfstal), l'une des gorges les plus impressionnantes du Jura souabe, la Lauter se jette dans le Danube.

Et maintenant, le chemin est bordé d'édifices baroques rangés comme des perles : ainsi l'abbaye bénédictine de Zwiefalten, où Johann Michael Fischer érigea l'abbatiale au milieu du 18e siècle, l'un des plus important témoin du baroque tardif du sud de l'Allemagne. En 1812, l'Etat fit construire derrière les murs du monastère le premier asile de fous royal du Wurtemberg, qui est actuellement une clinique psychiatrique moderne. En aval du Danube, nous arrivons à Obermarchtal, une abbaye impériale des Prémontrés, érigée à la fin du 17e siècle dans un magnifique style premier baroque : un réfectoire qui compte parmi les plus jolies salles de restauration et de réception des monastères du sud-ouest ; un théâtre qui inspira le chanoine Sebastian Sailer (prêtre et premier poète en dialecte souabe, auteur d'une « Genèse en souabe »). Surplombant le Danube, le château de Mochental: autrefois résidence d'été des abbés de Zwiefalten, l'édifice composé de trois ailes abrite aujourd'hui une galerie d'art et le musée des balais.

Des villes importantes s'égrènent le long du fleuve : la petite ville rurale de Munderkingen et le bourg d'Ehingen (plaque tournante des voies de communication circulation et lieu de marché) qui appartenaient toutes deux à l'Autriche Antérieure et à la ligue des villes du Danube. Ehingen était le siège des états provinciaux souabe-autrichiens ; la maison des états, édifiée en 1749 sur la place du marché en était la chancellerie et lieu de délibération, et les chevaliers de l'empire résidaient dans le « Ritterhaus » (maison des chevaliers). La silhouette de la ville est caractérisée par les trois églises baroques. A Oberdischingen, régnait le comte impérial Franz Ludwig Schenk von Castell. Son surnom, « Malefizschenk » (« Schenk de malheur ») montre qu'il ne devait pas être très aimé. En 1764, il fit construire une voie prestigieuse vers sa résidence et une église sur modèle français : « le Panthéon souabe ». Près de Mundingen, le tribunal provincial, érigé vers 1200 par les contes de Wartstein, nous rappelle le pouvoir juridique de la noblesse de cette époque.

La ville d'Ulm et ses environs sont marqués par la présence de la cathédrale et de sa flèche la plus haute du monde (161 mètres). Elle est le signe du pouvoir de la ville impériale, qui acquit ses droits en 1181. La première pierre de l'édifice religieux de style gothique fut posée en 1377 et le projet de construction permit à l'école d'Ulm de prendre son essor et de voir naître toute une série d'artistes comme les Erhart, Syrlin et Parler, Bartholomäus Zeitblom ou Hans Multscher.

L'atmosphère de la ville réconcilie tradition et modernité : la bibliothèque municipale de Gottfried Böhm à côté du vieux quartier des pêcheurs, la maison de la ville de Richard Meier en face de la cathédrale, l'école supérieure d'art de Max Bill sur le Oberer Kuhberg, à côté de la forteresse, transformée en camp de concentration par les nazis.

Blaubeuren, mentionnée pour la première fois dans un document en 1267, est entourée de montagnes boisées, de forteresses en ruine et de rochers abruptes. Deux de ces derniers sont très populaires : le Ruckenberg que l'on retrouve dans un virelangue traditionnel, et le Blautopf, sommet pour lequel l'écrivain Eduard Mörike a érigé un « monument poétique » sous la forme d'un conte, en 1853 : « Histoire de la belle Lau ». Par ailleurs, la source karstique, avec ses 22 mètres de profondeur, attire les plongeurs.

Près du Blautopf, les comtes palatins de Tübingen fondèrent en 1085 un monastère de Bénédictins qui tomba sous la coupe de la maison de Wurtemberg. Après la Réformation, le monastère fut transformé en séminaire protestant. Le trésor le plus important de l'église abbatiale (érigée en style gothique entre 1491 et 1499 par Peter von Koblenz) est l'autel principal avec les sculptures en bois de Jörg Syrlin le Jeune et de Michel Erhart, et des peintures de Bartholomäus Zeitblom.

Dans les vallées de l'Ach et de la Schmiech, bordées de châteaux comme Justingen, Alt- et Neusteußlingen, Muschenwang ou Hohenschelklingen, on découvre la petite ville de Schelklingen, mentionnée pour la première fois en 1127, et l'ancien couvent de Bénédictines d'Urspring, qui est aujourd'hui un lycée avec internat renommé pour sa pédagogie innovante. Les « Montagnes Luthériennes », avec les communes de Weilersteußlingen, Ermelau, Ennahofen, Grötzingen, Turingshofen, Talsteußlingen et Sondernach (sous la domination de Wurtemberg depuis 1581) sont enclavées dans une terre catholique.

De la grotte de Sontheim près d'Heroldstatt, en passant par le Hohlen Stein à côté de Feldstetten, nous arrivons à la Tiefenhöhle de Laichingen, la seule grotte en forme de puits d'Allemagne ouvert au public, longue de 320 mètres et profonde de 55 mètres. Laichingen est aussi bien connu pour ses filatures de lin. Le fait est que la misère d'autrefois a encore des répercussions sur la mentalité de nombreux Jurassiens qui, même s'ils n'ont plus à craindre les famines, n'ont pas oublié le dur labeur de leurs ancêtres pour gagner leur pain quotidien.

Wolfgang Alber

Auf dem Einband:
Blick auf Bichishausen
Einbandrückseite:
Am Blautopf
Vorderes Vorsatzblatt:
Wacholderheide bei Gomadingen
Hinteres Vorsatzblatt:
Winterliche Landschaft bei Hayingen
Seite 1:
Mit einer ausgedehnten Schleife umrundet die Lauter das Örtchen Gundelfingen und die Ruine Niedergundelfingen. Am gegenüberliegenden Felshang thront die Burgruine Hohengundelfingen.

Cover photo:
View of Bichishausen
Back cover:
The Blautopf
Front inside cover:
Juniper heath near Gomadingen
Back inside cover:
Winter landscape near Hayingen
Page 1:
In a long loop the Lauter encloses the little village of Gundelfingen and the ruins of Niedergundelfingen. Reigning from the cliff opposite stand the ruins of the stronghold of Hohengundelfingen.

Couverture:
Vue sur Bichishausen
Quatrième de couverture:
Le Blautopf et ses alentours
Page de garde avant:
Lande de genévriers près de Gomadingen
Page de garde arrière:
Paysage hivernal près de Hayingen
Page 1:
La Lauter décrit un large méandre pour contourner la petite cité de Gundelfingen et la ruine de Niedergundelfingen. Sur le rocher de la rive opposée trône la ruine de Hohengundelfingen.

1. Auflage 2006

Fotos von Manfred Grohe: Seite 1, 5, 8/9, 14, 34/35, 38, 45, 47, 48, 61, 78, 86, 93.
Alle anderen Fotos: Rainer Fieselmann.

Übersetzung ins Englische:
Hamida Aziz, Tübingen.
Übersetzung ins Französische:
Claudine und Jürgen Bartelheimer, Angers.
Umschlag: Frank Butzer, Tübingen, unter Verwendung von Fotografien von Rainer Fieselmann.
Druck: Gulde-Druck, Tübingen.
Printed in Germany.

ISBN-10: 3-87407-694-6
Ab 2007 ISBN-13: 978-3-87407-694-4

Mehr von der Alb

Die Schwäbische Alb

Der zauberhafte Bildband porträtiert die ganze Schwäbische Alb vom Randen bis zum Ries in meisterhaften Farbfotos.

Fotos von Rainer Fieselmann und Manfred Grohe. Text: Fritz Schray. Deutsch, English, Français, Español. 176 Seiten, 187 Farbfotos, Großformat, fester Einband. ISBN 3-87407-644-X

Flug über Donau und Schwäbische Alb

Fotos von Manfred Grohe, Texte von Harald Schukraft. Wer das Donautal und die Schwäbische Alb liebt, wird diesen Bildband in sein Herz schließen.

Deutsch – English – Français. 176 Seiten, 183 Farbaufnahmen, Großformat, fester Einband. ISBN 3-87407-670-9

Rainer Fieselmann:

Zollernalb

Die Zollernalb in wunderschönen und außergewöhnlichen Farbaufnahmen – neue Ein- und Ausblicke in eine vertraute Landschaft.

Text von Karin Gessler. Deutsch – English – Français. 100 Seiten, 110 Farbfotos, fester Einband. ISBN 3-87407-651-2

Rainer Fieselmann:

Reutlinger und Uracher Alb

Die Schwäbische Alb zwischen Reutlingen und Bad Urach in aktuellen, stimmungsvollen Farbaufnahmen.

Text von Wolfgang Alber. Deutsch – English – Français. 100 Seiten, 109 Farbfotos, fester Einband. ISBN 3-87407-650-4

... in Ihrer Buchhandlung

Silberburg-Verlag
www.silberburg.de